WEEKEND BAKERIES の
しっとり、もっちり
ベーグル 最新版

横山純子

CONTENTS

はじめに　4

道具のこと。　6
材料のこと。　7
ベーグル作りの流れ　8

ベーグル作り方研究所 Report1　14
ベーグルを作り続けてわかったこと。
○下準備→混ぜる・こねるについて
○発酵について
　一次発酵・ベンチタイム・二次発酵
○成形について　4つの方法
○ケトリングについて

ベーグル作り方研究所 Report2　20
ベーグルいろいろ研究してみました。

ベーグル作りのお悩み相談室　78

COLUMN
ベーグルのおいしいおとも　38
ベーグルがあまったときは？　56
強力粉があまったときは？　57

RECIPE

基本のベーグルの作り方　10

しっとり、もっちりプレーンベーグル

BAGEL ARRANGE RECIPE 1

のせて・混ぜての
カンタンアレンジベーグル

種や実をのせる　24
ポピーシードベーグル
シードミックスベーグル
コーングリッツベーグル

ナッツを混ぜ込む　26
ウォールナッツベーグル
ピーカンナッツベーグル
ヘーゼルナッツベーグル

フルーツを混ぜ込む　30
オレンジピールベーグル
ラムレーズンベーグル
ブルーベリーベーグル

チョコを混ぜ込む　32
チョコチップベーグル

野菜を混ぜ込む　34
ドライトマトベーグル
バジルベーグル

BAGEL ARRANGE RECIPE 2

粉を変えて・糖分を変えて
副材料をプラスして
生地の違いを楽しむアレンジベーグル

ライ麦ベーグル　40
グラハムベーグル　42
はちみつレモンベーグル　44
黒ごまマロンベーグル　45
スモークチーズごまベーグル　46
メープルウォールナッツベーグル　48
ココナッツミルクベーグル　50
ベーコンマスタードベーグル　52
オレンジクリームチーズベーグル　54
米粉ベーグル　58
エスプレッソチョコベーグル　60
パンプキンベーグル　62
くるみカレンツベーグル　64
ダブルチーズベーグル　66
豆乳チョコベーグル　68
ブルーベリークリチベーグル　70
ミルクティーベーグル　72
チョコバナナベーグル　74
ほうれん草ベーグル　76

はじめに

「不格好でもがんばって作ったかわいいパンたちをみんなに紹介したい！」と思って始めたのが、2003年に立ち上げた私のホームページ「WEEKEND BAKERIES」です。
　週末になると、せっせと自分好みのパンを作ってはホームページに紹介。最初はアクセスも少なかったのですが、今ではたくさんの方がホームページを見てくださり、コメントを寄せてもらえるようになりました。
　そんなあるとき「ベーグル作りって意外にカンタンなんだよ〜」というコメントをいただきました。発酵時間や水分量の違い、ゆでる作業がとても難しそうに思えて距離をおいていたベーグルだったのですが、このひと言で、「チャレンジしてみよう！」と思いました。
　ですが、やっぱり初めはうまくいきません。最初はシワシワでお世辞にもおいしいとはいえないベーグルばかりでガックリ。それでも、ホームページを通じてアドバイスをもらいながら、試行錯誤、奮闘の毎日を送りました。そうしているうちに、独特のもっちり感と油脂類を使わないヘルシーさ、普通のパンよりも短時間ででき上がる手軽さなどにすっかり惚れ込み、どんどんベーグルが好きになっていきました。そして、「お店のベーグル以上にもっとおいしい、しっとり、もっちりなベーグルを作りたい」という思いも、日に日に強くなっていったのです。
　すっかり大のベーグル好きになった私は、ホームページに「BAGEL LABO」というカテゴリーを作成。ベーグル作りの奮闘ぶりやでき上がったベーグルの写真、レシピや研究内容などを紹介してきました。
　そんなとき、「ベーグルの本を作りませんか？」と声をかけられました。ちょうどブログを見てくださっている方からも「どうやったらあんなつるつるでぴかぴかなベーグルができるの？」「レシピ通りに作ったけど、上手にできなかった」などなど、多数の質問が寄せられていたので、そんな方々に少しでもお役に立てたら、と思いこの本を作りました。
　どのレシピも、私が何度も試作して、「これはおいしい！」と思ったものばかり。しっとりとして、もちっと弾力があり、粉のおいしさが存分に味わえるベーグルになっています。材料もなるべく手に入りやすいもので、工程もできるだけカンタンに。また、甘いおやつ系から、少ししょっぱいお食事系まで揃えたので、きっとみなさんの好きなベーグルが見つかると思います。
　今では私の大切なライフワークとなっているベーグル作り。できたて＆熱々のベーグルをパクッとひと口ほおばるときは、本当に幸せな気分になります。この本を手にとり、ベーグルレシピをお試しいただいたみなさんに、同じように幸せな気分を味わっていただけたら嬉しく思います。

道具のこと。

ベーグルを作るには、これだけの道具があればOKです。もうすでにお持ちのものも多いと思いますが、持っていないものは揃えてくださいね。代用品も紹介しているので、おうちにあるものとよく相談してから購入しましょう。

スケール

粉類や副材料の計量に使います。これから揃える場合は、1g単位で計れるデジタルスケールの購入をおすすめします。

計量カップ

水分の計量に必要です。ベーグル作りでは、180mlや190mlなど細かい計量をするので、10ml単位で計れる耐熱性のカップが◎。

メジャースプーン*

基本の大さじ、小さじがあればほとんどのベーグルが作れますが、小さじ½などが計量できるスプーンがついていればより便利です。

粉ふるい

ダマになった粉や固まった砂糖、塩をなめらかにするために必要です。粒子が粗くて粉ふるいを通らない場合はそのまま加えてOK。

ボウル

1つあればできますが、大、中、小と3つあると便利です。中（直径24～26cm程度）は粉類の計量用に、大（直径27～30cm程度）は計量した粉類をふるいながら入れて混ぜ合わせる用に。小（直径15cm程度）は副材料の計量用です。

こね台

なるべく大きく、力をかけてもずれないような重いものが使いやすいです。なければ平らな台やまな板などでも代用可能です。

めん棒

生地をのばしたり、ベーグルの形に成形するときに使います。一般的なもので充分ですが、ある程度長さがある方が使いやすいです。

キッチンタイマー

発酵時間やケトリングの時間を計るときに必要です。ベーグル作りは時間が前後するだけで仕上がりが変わるので、必ず用意しましょう。

スケッパー*

生地を分割するときに使います。生地は手で引きちぎると傷んでしまうので、必ず用意しましょう。ドレッジやカードと呼ぶことも。

布巾*

ベーグルの生地は乾きやすいので、発酵時に濡れ布巾をかけます。お手持ちのもので構いませんが、天板を覆える大きさが必要です。

フライパン

生地をゆでるとき（ケトリング）に使います。お湯の熱で生地が膨らむので、大きめ（直径28cm程度）のフライパンがおすすめです。

穴あきレードル*

ケトリング後の生地をすくうのに使います。水気がよくきれる大きな網目タイプが◎。写真は「すくいっこレードル」。

オーブンシート*

オーブンでベーグルを焼くとき、天板に生地がくっつかないようにオーブンシートを敷きます。写真は洗って繰り返し使えるすぐれもの。

オーブン

ベーグル全面に焼き色がついてきれいな仕上がりになる、コンベクションタイプが◎。大きな天板のものが使いやすいです。

材料のこと。

ベーグル作りの材料はいたってシンプル！ プレーンベーグルなら、この5つの材料でしっとり、もっちりとした歯ごたえのあるベーグルが作れます。材料がシンプルだからこそ、ここだけはこだわって、ぜひ紹介したもので作ってほしいです。

強力粉／はるゆたか*

もちろんお手持ちの強力粉でできますが、北海道産の強力粉であるはるゆたかは、国産小麦独特のもちもち感があり、小麦本来の風味と味が楽しめるので、ぜひこちらを使ってベーグルを作ってほしいです。扱いやすくポストハーベスト（収穫後の薬剤処理）の心配もないとのことで私のお気に入りです。

パネトーネマザー*

イタリアで採取されるパネトーネ菌に、扱いやすいようにドライイーストを加えたもの。予備発酵や種起こしの必要がなく、気軽に使える天然酵母です。ふっくらもちもちっとした食感になるのが特徴で、イースト臭はありません。国産小麦との相性がいいといわれ、はるゆたかにもぴったりです。

インスタントドライイースト*でも！

パネトーネマザーは製菓材専門店などで手に入りますが、どうしても見つからないという方のために、本書のレシピはインスタントドライイーストでも作れるようにしています。分量だけ間違えないようにして、同じタイミングで入れて作ればOKです。でも、香り高く、むちっとした歯ごたえのあるベーグルにするには、パネトーネマザーで作ってほしいなぁとも思います。

水

ベーグルの仕上がりに大きな違いが出るのが水分量。少なければハードに、多ければソフトになります。ハードが好きだからといってあまり少なくするとこねるのがとても大変ですし、多すぎると生地に張りが出ず、しわになる原因になります。また、ベーグルは発酵時間が短く、生地の温度が低すぎたり高すぎたりするとうまくいかないので、ぬるま湯を使ってください。

砂糖／三温糖*

酵母（イースト）が活動するのに必要な栄養分が砂糖です。上白糖やてんさい糖など、砂糖にはいろいろな種類がありますが、生地に入れるものは、コクのある甘さと独特の風味があって、さらにしっとり感もプラスされる三温糖が私のおすすめです。もちろん普通の上白糖を使っても作ることはできます。ケトリング用の砂糖は、どんな種類の砂糖でもOKです。

塩*

ベーグルの旨味を引き出すのに必要な塩。砂糖と同じようにさまざまな種類がありますが、少量しか使わないのでお手持ちのもので充分です。これから購入するという場合は、お日様の力だけで乾燥させた天日塩がいいと思います。ただ、サラサラとしているものの方が計量しやすく扱いやすいです。

★ここで紹介している道具、材料で「*」のマークがついているものは、クオカにて購入が可能です。詳しくはP80を参照ください

ベーグル作りの流れ

まずはじめに、ベーグル作りの流れを頭の中でイメージしておきましょう。パンを作ったことがある方なら、ケトリング以外はほぼ同じ。ケトリングとは、熱湯で生地をゆでることですが、このひと手間で、パンにはない、ベーグル特有のもっちり感を出すことができるのです。

下準備 5min	混ぜる こねる 10min	一次発酵 35度 15min	分割・丸め 5min
材料を正確に計量して用意します。粉類はふるい、水はぬるま湯（30〜35度）を用意します。	材料をボウルに入れて混ぜ、まとまったらこね台に出してよくこねます。だいたい10分くらいです。	濡れ布巾をかぶせて発酵させます。時間が短いので、大きくは膨らまず、少しふっくらする程度です。	生地をスケッパーで6等分し、等分された生地を1つずつ丸めます。

副材料は、生地がこね上がったときに投入！

→ ベンチタイム 35度 **15min** → 成形 **10min** → 二次発酵 35度 **30min** → ケトリング **2min** → 焼成 200度 **20min**

丸めた生地を天板に並べて濡れ布巾をかぶせ、少しの間休ませます。これも発酵時間のひとつです。

ベーグルの形に仕上げます。本書では基本の成形法以外にも3つの方法を紹介しています（P16-17）。

最後の発酵時間です。ここでも濡れ布巾をかぶせることを忘れずに！

大きなフライパンに熱湯を沸かし、生地をゆでます。これがパンとベーグルの大きな違いです。

予熱したオーブンでベーグルを焼き上げます。これで香ばしいもっちりベーグルのでき上がり♪

★ここで紹介している時間や温度は目安です。発酵時間や温度はP15の表を参考に、季節に合わせて調節してください

基本のベーグルの作り方

それではさっそく、基本となるプレーンベーグルを一度作ってみましょう！　アレンジベーグルも基本的な作り方はこちらと同じなので、これさえマスターしてしまえば、あとはお好みのフレーバーを楽しめます。

しっとり、もっちりプレーンベーグル

私が一番大好きな、粉の味をしっかりと、存分に味わえるプレーンベーグルです。噛みしめれば噛みしめるほど、小麦の香ばしい味わいが口の中に広がります。もちろん、歯ごたえはもっちりとして弾力があります。まずはそのまま、何もつけずに召し上がってみてください。

基本の材料

強力粉（はるゆたか）… 300g
パネトーネマザー … 大さじ1
＊パネトーネマザーの代わりにインスタントドライイーストを使う場合は、小さじ1使用
塩 … 小さじ1
三温糖 … 大さじ1
水（ぬるま湯／30〜35度）… 180ml
砂糖（ケトリング用）… 大さじ1
＊砂糖は三温糖を使ってもいいし、上白糖でもなんでもOK。はちみつやモラセスを使ってももちろんOKです。これでつやつやのベーグルになります

基本DATA

一次発酵	35度	15分
ベンチタイム	35度	15分
二次発酵	35度	30分
ケトリング	2分（片面各1分）	
焼成	200度	20分

＊温度、時間は目安です。詳しくはP15参照

基本の作り方

下準備 → 混ぜる こねる →

1 材料を正確に計量して用意します。水は必ずぬるま湯（30〜35度）を用意しておきましょう。ベーグル作りはこれだけあればOKなんです。

2 粉類（ここでは強力粉のみ）をふるいながらボウルに入れ、塩、糖分（ここでは三温糖）を加える。塩と離してパネトーネマザーを入れ、水分（ここでは水）を加える。

3 スケッパーで手早く混ぜ合わせ、ある程度粉っぽさがなくなったら、手でボウルに生地を押しつけてひとつにまとめる。

一次発酵

4 生地がひとつにまとまったら、こね台に生地を出し、台に押しつけるようにして、体重をかけてしっかりこねていく。目安は約10分。

5 一カ所ばかりこねないように、生地を折りたたみながらこね、写真のように表面がなめらかになり、弾力が出てくるまで続ける。

6 こね上がった生地をひとつに丸くまとめてボウルに入れ、濡れ布巾でボウルを覆う。そのまま約15分間おいて一次発酵させる。

成形

10 めん棒で生地を直径約20cmの円にのばしたら、上下¼ずつ生地を折りたたみ、下側からきつくくるくると丸め込んで棒状にし、巻き終わりはつまんで閉じる。
＊詳しい成形方法は、P16に紹介しています

11 生地の表面がきれいになるように棒状の生地に両手を添えて台の上で転がしたら、めん棒で片方の生地端をしゃもじ形に大きくのばす。

12 しゃもじ形になった方の生地でもう一方の生地端を包み、しっかり閉じる。両手の親指を穴に入れ、人さし指を外側の生地に添えたら、くるくる回して形を整える。

分割・丸め  ベンチタイム

7

こね台に生地を取り出し、軽く手で潰して直径約20cm大の円にする。スケッパーで放射状に6等分に分割する。
＊市販のベーグルよりも少し小さめになります。市販サイズを作りたいなら、5等分にしてください

8

スケッパーでカットした切り口を中に入れながら、生地の表面に張りを出すようにひとつひとつ丸めていく。

9

オーブンシートを敷いた天板に生地を並べ、濡れ布巾をかけて生地を約15分休ませる。このときも生地は発酵中。

二次発酵　ケトリング　焼成

13

天板に生地を並べ、濡れ布巾をかけて約30分二次発酵させる。このときにオーブンの予熱（210度）を始め、ケトリング用の湯を沸かし始める。
＊ドアの開閉などで庫内の温度が下がることを考え、予熱の温度は焼成の温度よりも高くなっています

14

一度沸騰させた湯に砂糖大さじ1を入れて火を弱め、鍋底にフツフツと小さな気泡が出ている状態で、二次発酵を終えた生地を裏面が上になるように入れ、片面1分ずつゆでる。

15

軽く水気をきって天板に生地を並べ、すぐに予熱が完了したオーブンに入れて200度で20分焼く。焼き上がったらケーキクーラーなどにのせて冷まし、パクッとひと口食べる！

ベーグル作り方研究所 Report 1

ベーグルを作り続けてわかったこと。

自分の好きな味、好きな食感のベーグルを作りたいと研究していくうちに、それぞれの工程でのコツがわかってきたので、ちょっとまとめてみました。基本のプレーンベーグルを作って、自分好みのおいしいベーグルができた方はここは飛ばしてもらってOK。なんだかうまくできないというときに、ここに立ち返ってみてください。

下準備 → 混ぜる こねる について

水の量と温度のこと。

夏場と冬場では室内の湿度が全然違います。特に、冬場にその影響が強く感じられるようです。冬場に生地をこねているとき、いつもより硬いなと感じたら水を少量ずつ増やしてみてください。その際の目安は200mlまで。これ以上加えてしまうと、やわらかくなりすぎるので注意しましょう。

同じように、水温も季節によって違います。いろいろ試した結果、水の温度は春、秋は少し温かいかな？と感じるぬるま湯くらい（30～35度）、夏場は水道水程度、冬場は温かいと感じるくらい（35度程度）がいいみたいです。

混ぜること。

材料をボウルで混ぜるときですが、プレーンベーグルなら大（直径27～30cm）、中（直径24～26cm）の2つ、副材料が入るものなら、その計量用にもう1つ小ボウル（直径15cm程度）を加えて3つあると、とても作りやすいと思います。

中ボウルに粉類を計量したら、これをふるいながら大ボウルに入れ、他の材料も加えて最後に水です。塩は酵母の発酵活動の妨げになるのでなるべく離して加え、水は酵母にめがけて入れるのがポイントです。スケッパーで混ぜ、水分と粉がなんとなく混ざってきたら、手でボウルに生地を押しつけるようにして、あまっている粉をくっつけていきます。生地がひとつにまとまったら、ここで「混ぜる」は終了です。

こねること。

私のベーグルレシピは、初心者の女性がこねても十分弾力のある、もっちりベーグルができ上がります。ポイントは、こね台に生地をこすりつけるというより、押しつけるようにぎゅっぎゅっとこねること。ベーグルは硬めの生地が多いので、パン作りに慣れている方は不安になるかもしれませんが、大丈夫。ちょっと硬くてこねにくい場合は、手先だけでこねようとせず、肘を伸ばして体重をかけるようにこねていくと比較的楽にこねることができます。

（上）計量した粉類はふるいながら混合用の大ボウルへ。（中）水は酵母にめがけて一気に入れてOK。（下）最初はスケッパーで手早く混ぜてから手で混ぜ合わせる。

最初は弾力がなく手触りもザラッとしてゴツゴツしていますが、こね上がりが近くなると押しつけても跳ね返してくるような弾力が出てきて、生地の表面はつるっとしてきます。そこまできたらあともうひとがんばり。最後に1〜2分こねてでき上がりです。

写真左がこね台でこねる前のやっとひとつにまとまった生地の状態。これが体重をかけて、押しつけるように10分間しっかりこねると、写真右のように、つるつるとなめらかになる。

発酵 について　一次発酵・ベンチタイム・二次発酵

もともと発酵時間が短いのが特徴のベーグルですが、しっかりと適温を保って発酵させないと硬いだけのベーグルになってしまいます。

特に冬場は材料も道具も冷えていてなかなか発酵が進まないので、時間を目安にするより、触ってみてややふっくらとしていたら発酵完了、というように触って確かめるのが一番です。オーブンに発酵機能がついている場合は、それを活用してみましょう。ない場合はお部屋の暖かい場所や予熱中のオーブンの上（鍋敷きなどをおき、直接当たらないように調整する）など、温度を確保できる場所で発酵させましょう。

逆に夏場はこねている間にもどんどん発酵が進んでしまうので、一次発酵を取らずに分割してベンチタイムに進んだ方が◯。二次発酵のとき、生地がダレてフカフカになりすぎてしまうようだったら、冷蔵庫に入れて調整してください。

私が何度も作ってみて見つけたルールを、下に表にしてまとめてみました。夏や冬など、発酵がうまくいかない場合は、こちらを参照して作ってみてください。それからベーグルは、発酵時間が短いので、パンのように生地は膨らみません。パンを作っているときのように大きく膨らんでしまっては、それは過発酵。発酵前と発酵後の写真も紹介しますので、こちらを見て生地の発酵具合を確認してくださいね。

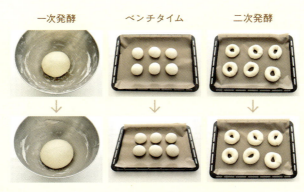

注意！

パンと比べてベーグルは水分量が少なく、乾燥しやすい生地が多いので、どの発酵時でも必ず濡れ布巾をかけてくださいね！

	一次発酵	ベンチタイム	二次発酵
春・秋	35度15分	35度15分	35度30分
夏	なし	室温15分	室温30分
冬	40度20分	40度20分	40度30分

＊ご家庭の環境にもよるので、あくまで目安として調節してみてください

成形 について　4つの方法

プレーンベーグルは基本の成形で作りましたが、副材料によっては、基本の成形では乾燥しやすかったり、また模様の出方を楽しむためにあえて別の成形にしてみたりと、成形法も私なりにいろいろ研究してきました。この本で使った成形法を紹介しますので、お好みの形を見つけてくださいね。

基本の成形

ベーグル定番の形になる成形。ほとんどのベーグル生地に適していて、つるっとした張りのあるベーグルになります。

＊基本のプレーンベーグル(P10-13)で行なった成形法を詳しく紹介しています

1

中にたまったガスを抜くように手で潰したあと、めん棒で直径約20cmの円にのばす。

2

上下から内側に¼ずつ折りたたむ。手のつけ根で空気を抜くようにしっかり押さえる。

3

下側からきつく巻いて棒状にする。巻き終わりはつねるくらいの力でしっかり閉じ、閉じ口が一直線になるようにする。

4

生地の上に両手を添え、ころころと転がして生地の表面をなめらかにする。生地をのばすというより表面をきれいにするという感じで。

5

棒状の一方の生地端をめん棒でのばして、しゃもじ形に広げる。一番長い幅が5cm以上になるように、しっかりと押し広げる。

6

生地の閉じ口がベーグルの裏面（底となる部分）にくるように、生地端同士を合わせる。

7

しゃもじ形の部分全体にもう一方の生地端がのるように重ね、しゃもじ形の生地でもう一方の生地端を包み込むように巻きつける。

8

巻きつけたしゃもじ形の生地の両側をつまんでしっかりと口を閉じる。
＊このときちゃんと閉じていないとケトリングのときにはがれてしまうことが多いので注意！

9

ベーグルの上側から中央の穴の部分に両手の親指を入れ、人さし指を外側に添えてくるくると回しながらきれいな円形に整える。

10

これで完成！ 生地の閉じ口がベーグルの裏面にきていればOK。きれいなベーグル形になりました。

ねじる成形

模様の出やすいチョコチップ入りやブルーベリー、ナッツ入りの生地などに適しています。焼き上がるときれいに模様が出ます。

1
基本の成形の5まで同様にする。しゃもじ形の部分を手のひらで押さえて、もう一方の手で棒状の部分を転がし、生地をきつくねじっていく。

2
ねじった端をしゃもじ形の部分にのせ、基本の成形と同様に、生地端をしゃもじ形の部分で包むように巻きつけ、しっかり閉じる。

3
きれいな形になるように、少し手で形を整えたらこれで完成！ 表面にねじった模様が出ています。

穴あけ成形

ココアなどを含む乾燥しやすい生地に適しています。中央に穴をあけるだけなので簡単ですが、しっかり穴を作らないとケトリングや焼成のときに閉じてしまうので気をつけましょう。

1
中にたまったガスを抜くようにして手で潰したあと、もう一度丸め直し、中央に箸などで穴をあける。

2
ベーグルの生地を支えながら、箸をぐるぐると回して、あけた穴を広げていく。

3
ある程度穴が広がったら親指を入れ、生地を引っ張りすぎないように少しずつ穴を広げていき、形を整える。

4
形が整ったらこれで完成！ しっかり穴があいていることを確認しましょう。

結ぶ成形

生地にクリームチーズやベーコンなどを入れて巻き込むと、しっかり閉じてもはがれてしまったり、脂分でくっつかなくなります。基本の成形では難しいベーグルに適しています。

1
基本の成形の4まで同様にしたら、基本よりも長めにのばす（約30cm）。

2
かた結びの要領で棒状の生地を1回結ぶ。

3
生地の両端を結び目の裏側の中央部分に入れ込めばこれで完成！

ケトリング について

ベーグルとパンの大きな違いを生むのが、このケトリングという工程です。ケトリングとは、ゆでること。簡単にいえばベーグルの生地を焼く前にゆでるだけなので、こねや発酵に比べて、それほど気をつかうことはありません。ただ、何点かポイントがあるので、頭に入れておいてくださいね。

Point 1 広い口の大きな鍋で

ケトリングのとき、生地はここでもまた発酵して大きく膨らみます。生地が膨らんでも窮屈にならないように、広口の大きな鍋を用意しましょう。片面ずつお湯に浸っていればよいので鍋の高さはいりません。一番のおすすめはフライパンです。

Point 2 砂糖を忘れずに

ベーグルの表面にツヤと張りを出すために、ケトリングのときには必ず砂糖を大さじ1ほど入れて生地をゆでます。砂糖の種類は特に気にしなくてOK。モラセスという蜜を入れるのが一般的とされていますが、高価ですし、わざわざベーグルを作るためだけに買う必要はありません。上白糖でもグラニュー糖でも、残っていたはちみつでも構いませんよ。

Point 3 沸騰中のお湯はNG

生地をゆでるときの温度は、ぐつぐつ、ぐらぐらと大きく気泡がたって沸騰している状態はよくありません。一度沸騰させてから中火にして、鍋の底にフツフツと小さな気泡が出るくらいの温度がベストなようです。それからゆでるときは、ベーグルの裏面が上になるように生地を入れます。1分たったら引っくり返してもう1分、片面1分ずつゆで上げます。天板に生地を取り出したら特に水気を拭いたりする必要はありません。

Point 4 オーブンは必ず予熱しておく

ケトリング後は、必ずすぐにオーブンに入れて焼きましょう。ここで時間がたってしまうとしわの原因になるので注意してください。ケトリング後にはオーブンの予熱を完了しておくように、時間配分に気をつけましょう。予熱は時間がかかるので、オーブンの機種にもよりますが、二次発酵をするタイミングでオーブンの予熱を始めておくとよいでしょう。

ベーグル作り方研究所 Report 2

ベーグル いろいろ 研究 してみました。

いろんな食感、いろんな仕上がりのベーグルを食べてみたいなぁと思い、工程や材料を変えてベーグルを作ってみました。材料はほぼ変わらないのに、工程ひとつの時間を変えただけで、食感がまったく違うから驚きです。これもベーグル作りのおもしろいところ。これは、そんな私の研究結果をまとめたページです。あくまで趣味の研究内容なので、「へー」と思いながら読んでくれれば嬉しく思います。これを見ながら、みなさんも自分好みのベーグル作りにチャレンジしてみてくださいね。

CASE 1　ふわふわ。これってベーグル？

》》》工程
一次発酵 … 60分
ベンチタイム … 10分
二次発酵 … 30分
ケトリング
　… 片面各10秒
焼成 … 200度で15分

《 材料 》
強力粉 … 300g
塩 … 小さじ1
砂糖 … 大さじ1
パネトーネマザー
　… 大さじ1
水 … 190ml

REPORT　研究結果

普通のパンとほとんど変わらない食感。ベーグルなのにソフトでふわふわな仕上がりになってしまいました。私は歯ごたえのあるベーグルがやっぱり好きなのでこれはイマイチ。また、ケトリングが10秒なので表面がしっかり固まらず、すぐにオーブンに入れてもしわしわになりました。焼きは時間が短かったせいか焼き色が薄かったので、温度を上げて更に5分ほど焼いて、色をつけました。ふわふわな食感が好きなひとにはいいのかも!?

CASE 2 ケトリング時間を変えてチャレンジ！

>>> 工程
一次発酵… 60分
ベンチタイム… 10分
二次発酵… 30分
ケトリング
… 片面各30秒、40秒、
50秒、60秒（4パターン）
焼成… 220度で15分

《 材料 》
強力粉… 300g
塩… 小さじ1
砂糖… 大さじ1
パネトーネマザー
… 大さじ1
水… 200ml

REPORT 研究結果

ケトリング時間を変えて作ってみました。どれもソフトな仕上がりであまり差はなかったけれど、60秒はゆでている間にかなり膨らみ、もちもちした感じはなくソフトベーグルでした。40、50秒もふわっとしていて、噛むとベーグルが潰れるくらいソフト。30秒はほどよい膨らみで、食感もまずまずな感じ。その後の調査でケトリング時間が長い方が皮の引きが強い食感のベーグルになるということがわかったので、今回どれもソフトな食感だったのは、ケトリング時間の差というより発酵時間と水分量に関係があるのかなと思いました。焼成は温度を上げた分焼き色が強くなったけど、ベーグルの表面がもう少しがっちりしている方がいいかなと思いました。ベーグル作りは奥が深い!!

CASE 3 とにかくこねにくいハードなベーグル！

>>> 工程
一次発酵… なし
ベンチタイム… 10分
二次発酵… 30分
ケトリング
…片面各40秒
焼成… 200度で20分

《 材料 》
強力粉… 300g
塩… 小さじ1
砂糖… 大さじ1
パネトーネマザー
… 大さじ1
水… 150ml

REPORT 研究結果

一次発酵をなくし、水分量もかなり減らして作ってみました。硬い生地だったのでケトリング後や焼成後にしぼみはなく、かなりハードな仕上がりに。これは、けっこう好きな食感!! ところが水分量を減らしたことによって、とてもこねにくく、実際にはあまりこねられていないんじゃないか？とも思いました。その影響で生地がつるっとせず表面はゴツゴツとした感じで、仕上がりもやはりでこぼこしています。結果的には、ソフトになりすぎない程度に水分量を増やし、一次発酵の時間もやはり取った方がいいのかなぁという結論に。焼き色はちょうどよく、生地表面の硬さ加減も好みでした！

CASE 4 成功か？ 表面はハード、中はしっとり！

>>> 工程
一次発酵 … 10分
ベンチタイム… 10分
二次発酵… 30分
ケトリング
… 片面各1分
焼成… 200度で20分

《 材料 》
強力粉… 300g
塩… 小さじ1
砂糖… 大さじ1
パネトーネマザー
… 大さじ1
水… 170ml

REPORT 研究結果

CASE.3より少し水分を増やし、一次発酵の時間もしっかり取って作ってみました。こねにくさは解消され、生地の感じもちょうどいいかなと思ったけれど、あと10mlくらい増やせばさらにこねやすく、ソフトになりすぎず、しっとり感も増すかな？ と思いました。ケトリング時間を片面1分にすると皮の引きが強くなって、中はしっとりもちもちだけど表面はハードな感じになりました。今までの中で、一番私好みかも!? 実はこのレシピを改良して、私のプレーンベーグルが誕生したんですよ。

この本の決まり

* ベーグルの材料の分量は、すべて6個分です。
* レシピの大さじ1は15ml、小さじ1は5mlです。
* オーブンは電気オーブン（1000W）を使用しています。
  機種や熱源によって加熱時間が異なる場合があるので目安にしてください。
* 電子レンジの加熱時間は、出力600Wのものを目安にしています。
* 生地の発酵時間は目安です。季節や室内の温度、環境によっても
  違いがあるのでP15を参照してください。

BAGEL LABO

BAGEL ARRANGE RECIPE

1

のせて・混ぜての
カンタン
アレンジベーグル

基本のプレーンベーグルに、
副材料をトッピングしたり、混ぜ込んだり、
粉や水分量を変えずにできる
カンタンなアレンジベーグルです。
材料の用意も比較的カンタンなので、
生地の半分はプレーンのまま、
残り半分はアレンジにして焼き上げる、
なんていう作り方もいいと思います。

種や実をのせる

もっちりした生地に、プチプチ、ザクザクな種や実の食感がアクセントになります。

プチプチ ポピーシードベーグル

ポピーシードとは、けしの実のこと。その魅力はなんといっても、口の中ではじけるようなプチプチ食感！ 焼き上がると香ばしさが増してくせになる味です。焼成中は生地がとても膨らむので、トッピングのときは表面だけにつけるのではなく、生地を少し倒して側面にもつけるようにするときれいに仕上がりますよ。

製菓材専門店で手に入る、種や実、フレーク類。ポピーシードは大きなスーパーでも扱われています。カンタンに食感を変えたいときに使える頼もしい素材です。どの種や実も、同じ方法でトッピング可能なので、いろんな種類を試して、自分のお気に入りを見つけるのも楽しいですね。

ザクザク シードミックスベーグル

オーツフレーク、亜麻仁、ヒマワリの種、ごまがブレンドされた便利なシードミックスは、ザクザクな食感が楽しめます。どれも大きめなので、トッピングするときははがれてしまわないようにしっかりとつけてから、逆さにして余分なシードを落としましょう。

サクサク コーングリッツベーグル

とうもろこしを乾燥させて粒状に砕いたコーングリッツをトッピングするとサクサク食感に。ほんのりととうもろこしのやさしい甘い味もします。ここでちょっと裏ワザを。生地を発酵させるとき、生地の下にコーングリッツを敷くとくっつきを防ぐことができますよ。

● 作り方は P28 にあります

BAGEL ARRANGE RECIPE 1

ナッツを混ぜ込む

扱いやすく手に入りやすいナッツ類は、副材料としておすすめです。

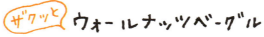

ザクッと ウォールナッツベーグル

ウォールナッツとは、みなさんご存知のくるみのこと。香ばしい香りとザクッとした食感が特徴の、定番のナッツです。細かく刻んで混ぜると生地全体がくるみの味に。食感を楽しみたいなら大きめのカットでもいいですよ。ただ、どのナッツもそうですが、あまりにも大きすぎると生地に混ぜ込みにくいので注意！

ここでは、私がおすすめのナッツ類を紹介しましたが、もちろんお好みで違うナッツを加えてもOK。カシューナッツやマカデミアナッツ、ピスタチオなんかもおもしろいかもしれません。同様の作り方なので挑戦してみてください。

〈サクサク〉 ピーカンナッツベーグル

ピーカンナッツはサクサクとした食感でくせのない味わい。くるみ独特の苦味やヘーゼルナッツの濃厚な味が苦手なひとはこちらがおすすめです。くせはないけれど、ナッツ特有の香ばしさは味わえます。

〈コリコリ〉 ヘーゼルナッツベーグル

ヘーゼルナッツは味にコクがあって、ナッツの旨味がぎゅっと凝縮されている感じです。コリコリっと硬めの食感も私が大好きなポイント。濃厚なナッツの風味を存分にお楽しみくださいね。

● 作り方はP29にあります

BAGEL ARRANGE RECIPE 1

p24	p25	p25

ポピーシードベーグル	シードミックスベーグル	コーングリッツベーグル

材料
《 生地 》
プレーンベーグルと同じ材料（P11）… 全量
《 副材料 》
ポピーシード、シードミックス、
コーングリッツのいずれか … 適量

作り方
プレーンベーグルの作り方（P11-13）で以下の工程を変えて最後まで同様に作る。
>>> 工程❶❹
バットに使う副材料を広げておく。ケトリング後の生地を、上になる面を下にしてバットに入れ、ベーグルの上面に副材料をしっかりつける。

副材料を入れるバットは、浅くてもいいので面積が大きいものを。もちろん平らな皿などを使っても。

側面にもしっかりつけたら、これでOK。うまくつかなかった部分は、あとから手でつけましょう。

p26　　　　　　　p27　　　　　　　p27

ウォールナッツベーグル　ピーカンナッツベーグル　ヘーゼルナッツベーグル

材料
《 生地 》
プレーンベーグルと同じ材料（P11）… 全量
《 副材料 》
くるみ、ピーカンナッツ、
ヘーゼルナッツのいずれか … 50g

＊いずれのナッツを使う場合でも、150度のオーブンで
　10分ほどローストしてから、粗く刻む

作り方
プレーンベーグルの作り方（P11-13）で以下
の工程を変えて最後まで同様に作る。
》》》工程❺
生地がこね上がったところで、使用するナッ
ツを均等に混ぜ込む。

POINT
こね上がった生地は弾力があるので、一度に全部の量
のナッツはなかなか混ざりません。❶生地をのばして
広げる→❷生地の上にナッツを少量（1/5量が目安）ちり
ばめ、生地を丸めて混ぜ込む。この❶❷の作業を繰り返
してナッツを生地に少量ずつ加えていき、全量入れるよ
うにするといいでしょう。

ローストしたナッツは本当
に香ばしくておいしい！
大事なひと手間ですよ。

フルーツを混ぜ込む

生地をしっかりこね上げたら、最後にフルーツを混ぜ込んで仕上げます。

オレンジピールベーグル

爽やかなオレンジの香りが楽しめるオレンジピールは、ほろ苦な味がおすすめポイント！ 甘味が強い材料なので混ぜ込むときにべたつきますが、生地を丸めて表面を軽くパンパンと叩くと、少しの間べたつきが抑えられるのでその隙に混ぜ込みましょう（笑）。表面にオレンジピールが出ていると焦げて苦味が強くなるので、なるべく出ないように。

ラムレーズンベーグル

ちょっぴり大人味のラムレーズンは、クリームチーズとの相性が抜群！ ぜひ一緒に召し上がってみてください。ちなみにラム酒に漬けたレーズンは、水分を含んでやわらかくなっています。潰れやすいので、生地にラムレーズンを混ぜ込むときは、よくこねるというよりは、折りたたむようにして生地に混ぜ込んでいくのがポイントです。

ブルーベリーベーグル

爽やかな甘さと酸味がとてもおいしいブルーベリーベーグルは、どのお店にもある定番のフレーバーだけど、やっぱりはずせません。半分にカットするときれいな紫色になるのも嬉しいですよね。フレッシュだと混ぜ込みにくいフルーツ類も、ドライなら混ぜ込みもカンタンです。

材料

《生地》
プレーンベーグルと同じ材料（P11）… 全量

《副材料》
- オレンジピールベーグルを作る場合
  オレンジピール … 50g
  ＊オレンジの皮を砂糖漬けしたもので、市販品がありますが、手作りのものでももちろんOK
- ラムレーズンベーグルを作る場合
  水気をきったラム酒漬けのレーズン … 50g
  ＊オイルコートしたレーズンの場合は、湯通ししたあと、ひたひたのラム酒に一晩漬ける
- ブルーベリーベーグルを作る場合
  ドライブルーベリー … 50g

作り方

プレーンベーグルの作り方（P11-13）で以下の工程を変えて最後まで同様に作る。

>>> 工程❺
生地がこね上がったところで、使用するフルーツを均等に混ぜ込む（混ぜ込み方はP29参照）。

POINT

ナッツを混ぜ込むベーグル同様、こね上がった生地は弾力があるので全部の量のフルーツは一度にはなかなか混ざりません。P29を参照に、同様の方法で混ぜましょう。

ラムレーズンは一晩以上漬けると、更にラム酒が染み込んで味わい深くなります。いろんなお菓子作りに利用できるので、普段からたっぷり漬けておくのもおすすめ。

チョコを混ぜ込む

甘いフレーバーが好きなひとにはこちらがおすすめ。チョコの種類によっても味が変わります。

キャラメルチョコ

スイートチョコ

ホワイトチョコ

チョコチップも今ではいろんな種類が出ています。ここではスイート、ホワイト、キャラメルの3種のチョコを使いましたが、ネットショップなどでは、ヘーゼルナッツやオレンジなど、ほかのフレーバーを取り扱っているところもあるようですよ。

チョコチップベーグル

みんな大好きチョコチップは、プレーン生地に混ぜると味の違いがよくわかります。純粋なチョコレートの味を楽しみたいならスイートを。クリーミーなミルクっぽい甘さが好きなら断然ホワイト。甘くて香ばしい、焦がした香りを楽しみたいならキャラメルです。1つのプレーン生地を3つに分割して、一度に3種類のチョコベーグルを作って、食べ比べてみるのもいいかもしれません。
そして実はチョコチップベーグルにはもうひとつの魅力が……。それは飛び出したチョコチップが焦げた部分の「焼きチョコ」！もっといっぱい飛び出させて作ればよかったと、作るたびに思います（笑）。

材料
《 生地 》
プレーンベーグルと同じ材料（P11）… 全量
《 副材料 》
好きなフレーバーのチョコチップ … 50g

作り方
プレーンベーグルの作り方（P11-13）で以下の工程を変えて最後まで同様に作る。
>>> 工程❺
生地がこね上がったところで、チョコチップを均等に混ぜ込む（混ぜ込み方はP29参照）。

POINT
ナッツやフルーツを混ぜ込むベーグルと同様に、こね上がった生地にチョコチップを混ぜ込むのは難しいです。P29を参照して、こまめに副材料を混ぜ込んでくださいね。

BAGEL ARRANGE RECIPE 1

野菜を混ぜ込む

お食事にもぴったりのちょっとしょっぱいベーグルです。プレーン生地で気軽にアレンジ！

ドライトマトベーグル

トマトの旨味と酸味がギュッと凝縮されたドライトマトには、上にチーズをのせてイタリアン風に。しょっぱ旨い味がいいんです。ドライトマトは少なめの配合になっていますので好きな方は増やしていただいていいのですが、あまり多いとしょっぱすぎておいしくありません。味をみながら量を調整してください。

(左)ほどよい甘味としっかりした酸味のドライトマトは、お食事ベーグルにぴったりの材料です。(右)以前はすこし敷居が高かったフレッシュバジルですが、最近ではスーパーでもよく見かけるし、価格も手頃に。あまったらサラダなどに使えばいいので、ぜひ試してみてください。

バジルベーグル

小さく切ったフレッシュなバジルをたっぷり練り込んで、トッピングに旨味のある岩塩をふりかけました。バジルの香りとたまに感じる岩塩のしょっぱさが、ワインにもよく合うベーグルです。ドライトマトとバジルを入れたパンはよく見かけますが、ぜひバジル単体で作ってみてください! とっても爽やかでおいしいんです。

● 作り方は P36 にあります

p34

ドライトマトベーグル

p35

バジルベーグル

材料
《生地》
プレーンベーグルと同じ材料（P11）… 全量
《副材料》
ドライトマト … 20g
＊お湯に5分ほど漬けて戻し、水気をきったら細かく切る。セミドライトマトの場合は戻す必要はない
ピザ用溶けるチーズ … 適量
＊スライスタイプを使う場合は、短冊切りにする

作り方
プレーンベーグルの作り方（P11-13）で以下の工程を変えて最後まで同様に作る。
》》》工程❺
生地がこね上がったところで、ドライトマトを均等に混ぜ込む（混ぜ込み方はP29参照）。
》》》工程⓮
ケトリング後、ベーグルの上面に溶けるチーズをのせる。

チーズの量はお好みで。私はたっぷり、たっぷりのせちゃいます。

材料
《生地》
プレーンベーグルと同じ材料（P11）… 全量
《副材料》
フレッシュバジル … 大きめの葉5～6枚
＊みじん切りにする
岩塩 … 適量

作り方
プレーンベーグルの作り方（P11-13）で以下の工程を変えて最後まで同様に作る。
》》》工程❺
生地がこね上がったところで、バジルを均等に混ぜ込む（混ぜ込み方はP29参照）。
》》》工程⓮
ケトリング後、ベーグルの上面に岩塩を少量ふりかける。

フレッシュバジルは細かくみじん切りにしておいた方が練り込みやすいです。

COLUMN 1

ベーグルのおいしいおとも

プレーンベーグルに、なにかつけたいなぁと思うときは断然ジャムがおすすめです。
定番のブルーベリージャムは、クリームチーズと合わせて。
ラ・フランスジャムは爽やかでしつこくない甘さなので、そのままをたっぷりどうぞ。

＊ジャムは、煮沸消毒した容器に詰めて冷蔵庫で保存し、1カ月を目安に食べきってください。また、毎回清潔なスプーンを使うように。

ブルーベリージャム

材料（作りやすい分量）
ブルーベリー（冷凍）… 200g
グラニュー糖 … 80g
水 … 大さじ1
レモン汁 … 小さじ1

作り方
❶ 鍋にレモン汁以外の材料を入れて弱火にかける。
❷ グラニュー糖が溶けて水分が出てくるまで、木べらでかき混ぜる。
❸ レモン汁を加えてときおりかき混ぜながら、好みの硬さになるまでよく煮詰める。

ラ・フランスジャム

材料（作りやすい分量）
ラ・フランス … 2個
グラニュー糖
… ラ・フランスの可食部の15％分
レモン汁 … 小さじ1
白ワイン … 小さじ2

作り方
❶ ラ・フランスは8等分のくし形に切ってから皮をむき、芯を取り除く。
　＊ここで重さを計量し、必要なグラニュー糖の分量を割り出す
❷ ❶を薄くスライスして鍋に入れ、グラニュー糖とレモン汁を加えてかき混ぜたら、蓋をして30分おく。
❸ ❷に白ワインを加え、鍋を中火にかける。

❹ 沸騰してきたらあくを取り、弱火にしてときおりかき混ぜながら、好みの硬さになるまでよく煮詰める。

BAGEL LABO

BAGEL ARRANGE RECIPE
2

粉を変えて・糖分を変えて
副材料をプラスして
生地の違いを楽しむ
アレンジベーグル

プレーンベーグルとは違う
食感や味にしたいなと思ったらこちらへどうぞ。
強力粉の代わりに米粉を使って
むちっと生地の弾力を強くしたり、
ライ麦をプラスして香ばしさを引き出したり、
粉の配合はプレーンベーグルと変えないけど、
副材料の力を借りて食感を変えたり…と
おいしい発見がいっぱいのベーグルが
たくさん焼き上がりました。
生地の味わいはもちろん、
食感もひとつひとつ違うので、
よく噛みしめて食べてくださいね。

ライ麦ベーグル

少し酸味があり独特の香りがするライ麦は、食物繊維が豊富で栄養満点のベーグルです。ライフレークのポリポリと硬い食感がアクセント！ ライ麦のあの酸っぱさがちょっと苦手で…というひとでも大丈夫なように、少なめの配合にしました。ライ麦はグルテンがほとんど出ないので、食感は硬め。でもむちむちぎっしりベーグルが好きなら絶対おすすめです！ ちなみに、もし硬めの食感が食べにくいなと感じたら、発酵時間を少し長くしたり、水分量を増やすとソフトになります。

(左)ライ麦を潰し、押し麦状態にしたのがライフレーク。ポリポリな食感はもちろん、香ばしい香りもいいアクセントになります。(右)ライ麦を粉砕したライ麦粉。

材料
《生地》
強力粉…260g
ライ麦粉(細挽き)…40g
パネトーネマザー…大さじ1
塩…小さじ1
水…180ml
砂糖(ケトリング用)…大さじ1
《副材料》
ライフレーク…適量

作り方
プレーンベーグルの作り方(P11-13)の材料と以下の工程を変えて最後まで同様に作る。
》》》工程❶
ケトリング後、ベーグルの上面にライフレークをしっかりつける(P28参照)。

プチプチな食感のグラハム粉はミネラルが豊富で栄養も満点！ シンプルなレシピでも、グラハム粉を加えるだけで食感が変わるので、びっくりすると思います。

グラハムベーグル

グラハム粉は小麦を丸ごと粉砕したもので、粗めの粒状です。ベーグルに混ぜるとプチッとした食感があり、香ばしさも満点で素朴な味わいが魅力的。きれいな茶色に焼き上がるので、見た目にもおいしそうなベーグルです。半分にスライスしてトーストし、溶けるチーズとレタスをたっぷり挟んで、塩・こしょうで味つけしたサンドにしてもとってもおいしく、朝食やランチにもおすすめ。シンプルだけど飽きのこない、常備しておきたいベーグルです。

材料
《生地》
強力粉 … 250g
グラハム粉 … 50g
パネトーネマザー … 大さじ1
塩 … 小さじ1
三温糖 … 大さじ1
水 … 180ml
砂糖（ケトリング用）… 大さじ1

作り方
プレーンベーグルの作り方（P11-13）の材料を変えて最後まで同様に作る。

はちみつレモンベーグル

はちみつレモンと聞いただけで食欲がわきませんか？ 爽やかなレモンピールの香りと、はちみつのやさしい甘さがおいしいベーグルです。レモンピールもはちみつも生地がべたつく原因になるのですが、そんなにこねるのが難しい生地じゃないので大丈夫。何かを挟んで食べるというよりも、そのまま食べることをおすすめしたいベーグルです。

材料
《 生地 》
強力粉 … 300g
パネトーネマザー … 大さじ1
塩 … 小さじ1
はちみつ … 大さじ2
水 … 180ml
砂糖（ケトリング用）… 大さじ1
《 副材料 》
レモンピール … 40g
＊室温に戻す

作り方
プレーンベーグルの作り方（P11-13）の材料と以下の工程を変えて最後まで同様に作る。
>>> 工程❺
生地がこね上がったところで、レモンピールを均等に混ぜ込む（混ぜ込み方はP29参照）。

POINT
糖分が液体のはちみつなので、いつもの生地よりもソフトで少々べたつく生地になります。

黒ごまマロンベーグル

黒ごまがたっぷり入った香ばしい生地に栗の甘さがよく合って、そのまま食べるのが一番おいしいベーグルです。栗の甘露煮は大きめにカットすると混ぜ込むときにボロボロとくずれてしまうので、なるべく小さめに。ただ、触ってみて硬めの栗なら大きくても大丈夫です。生地に混ぜ込むときは、押しつけずに、折りたたんで丸め込むように混ぜましょう。

材料

《 生地 》
強力粉 … 300g
黒ごま … 大さじ1
パネトーネマザー … 大さじ1
塩 … 小さじ1
三温糖 … 大さじ1
水 … 180ml
砂糖（ケトリング用）… 大さじ1

《 副材料 》
栗の甘露煮 … 60g
＊5mm角に切って、キッチンペーパーで余分な水気をとる

作り方

プレーンベーグルの作り方（P11-13）の材料と以下の工程を変えて最後まで同様に作る。

>>> 工程❷
粉類をボウルにふるい入れたところで黒ごまも加えて一緒に混ぜる。

>>> 工程❺
生地がこね上がったところで、押し潰さないように栗の甘露煮を均等に混ぜ込む（混ぜ込み方はP29参照）。

スモークチーズごまベーグル

ごまを練り込んだ生地に角切りにしたスモークチーズを巻き込みました。焼いているときからスモークチーズのいい香りがして待ちきれません（笑）。プレーンベーグルの生地に白ごまを混ぜただけの配合ですが、ごまは油分を含んでいるので仕上がりはソフトになり、プレーンベーグルとは全然違う食感です。チーズは練り込みにしてしまうとくずれて味がぼやけてしまうので、巻き込みにしていますが、あまり両端までチーズをのせてしまうと成形しにくくなるので注意してください。

材料

《 生地 》
強力粉 … 300g
白ごま … 10g
パネトーネマザー … 大さじ1
塩 … 小さじ1
三温糖 … 小さじ1
水 … 180ml
砂糖（ケトリング用） … 大さじ1

《 副材料 》
スモークチーズ … 60g
＊5mm角に切って室温に戻す

作り方

プレーンベーグルの作り方（P11-13）の材料と以下の工程を変えて最後まで同様に作る。

>>> 工程❷
粉類をボウルにふるい入れたところで白ごまも加えて一緒に混ぜる。

>>> 工程❿
のばした生地の手前½にスモークチーズをのせ、くるくると巻いて巻き終わりを閉じてから、基本の成形（P16の4から）をする。

端は1cmほどあけて、手前に均等にスモークチーズをのせます。

チーズがこぼれ落ちないように、一気に巻くのではなく、くるくると細く生地を巻いていきます。

メープルシロップの香り、風味はそのままに、コクと深みのある甘味が特徴のメープルスプレッド。とろ〜りなめらかというよりは、こってり濃厚という感じ。

メープルウォールナッツベーグル

たっぷり入ったくるみとメープルの香りがマッチした自然な甘さのベーグルです。メープル系の材料は大量に入れないと香りと味が出なくてもの足りないのですが、これは生地の糖分をメープルスプレッドにするだけではなく、成形のときにもメープルスプレッドを塗ってあるので、香りがしっかりと残ります。ちなみにメープルスプレッドとは、メープルシロップを煮詰めてクリーム状にしたもののこと。少し高価ですが、メープルの香りを楽しみたいなら買って損はないと思いますよ！　気をつけてほしいのは成形のとき。生地がはがれてしまうので、メープルスプレッドは、端と閉じる側の生地の端から2cmくらいは塗らないようにしてください。

材料

《生地》
強力粉 … 300g
パネトーネマザー … 大さじ1
塩 … 小さじ1
メープルスプレッド … 大さじ1
水 … 180ml
砂糖（ケトリング用）… 大さじ1

《副材料》
くるみ … 50g
＊150度のオーブンで10分ほどローストし、粗く刻む（大きさは好みでOKですが、ある程度大きい方がおすすめ！）
メープルスプレッド … 適量
＊生地に塗る分

作り方

プレーンベーグルの作り方（P11-13）の材料と以下の工程を変えて最後まで同様に作る。

⟫⟫⟫ 工程❺
生地がこね上がったところで、くるみを均等に混ぜ込む（混ぜ込み方はP29参照）。

⟫⟫⟫ 工程❿
のばした生地にメープルスプレッドを塗ってくるくると巻き、巻き終わりを閉じてから、基本の成形（P16の4から）をする。

写真のように端と閉じる側を残して均等に塗れたら、手前からくるくると巻いていきます。

乾燥させたココナッツを粉末状にしたココナッツファイン（下）と、長さ1〜2cmのひも状にしたココナッツロング（上）。ココナッツロングを入れると、シャリシャリとしたおもしろい食感が楽しめます。

ココナッツミルクベーグル

私の定番ベーグル！ といってもいいくらい大好きなのが、このココナッツミルクベーグル。特にアイデアが浮かばない日は、無条件でこれを作ってしまいます。ココナッツの香りと甘さとふんわり感が大好きなんですね。水分には牛乳を使っているので生地も真っ白。ちょっと甘めでおやつベーグルといった感じです。ココナッツの独特な食感をもっと楽しみたいなら「ココナッツロング」を使ってみるといいと思いますよ。

材料

《 生地 》

強力粉 … 270g
ココナッツファイン … 30g
パネトーネマザー … 大さじ1
塩 … 小さじ1
三温糖 … 大さじ2
牛乳 … 200ml
＊35度くらいに温める

砂糖（ケトリング用）… 大さじ1

作り方

プレーンベーグルの作り方（P11-13）の材料と以下の工程を変えて最後まで同様に作る。

>>> 工程❷
粉類をボウルにふるい入れたところでココナッツファインも加えて一緒に混ぜる。

ベーコンマスタードベーグル

カリカリベーコンを生地に練り込んだお食事系ベーグルです。フランスパン用強力粉で作っているので、皮はパリッとして香ばしいフランスパンのような味がします。中は成形のときに粗挽きマスタードを塗って生のベーコンを巻き込んでいるのでとってもジューシー。ただし、脂分が多いので、生のベーコンを巻き込むときはなるべく生地を閉じる部分には脂がつかないようにしてください。脂がついた生地は焼いたときにはがれやすく、見た目がきれいでなくなってしまいます。

材料
《 生地 》
フランスパン用強力粉（リスドオル）… 300g
パネトーネマザー … 大さじ1
塩 … 小さじ¾
三温糖 … 小さじ1
水 … 180ml
砂糖（ケトリング用）… 大さじ1
《 副材料 》
ベーコン … 6枚
＊3枚は半分に切る。残りは1cm角に切ってキッチンペーパーを上下にのせ、電子レンジで2分30秒加熱。粗熱がとれたらくっついたベーコンをばらして冷ます
粗挽きマスタード … 適量

作り方
プレーンベーグルの作り方（P11-13）の材料と以下の工程を変えて最後まで同様に作る。
>>> 工程❺
生地がこね上がったところで、電子レンジで加熱したカリカリベーコンを均等に混ぜ込む（混ぜ込み方はP29参照）。
>>> 工程❿
のばした生地の手前½に粗挽きマスタードを塗る。上に生ベーコンをのせてくるくると巻き、巻き終わりを閉じてから、結ぶ成形（P17参照）をする。

カリカリベーコンと生ベーコンのダブルベーコン使いで、ジューシさと香ばしさの両方が味わえるんです。

マスタードは粗挽きが断然おいしい！ 均等に薄く塗ります。結ぶ成形なので端まで塗ってOK。

生ベーコンをのせたらくるくるときつく細く巻き込んで。

オレンジクリームチーズベーグル

クリームチーズとオレンジピールを混ぜ合わせてのばした生地に塗り、くるくると巻けばでき上がり♪ 半分に切るとチーズの渦巻き模様ができていてかわいいです。生地にクリームチーズを混ぜ込んで作るより、塗った方がチーズそのものの味が前面に出るし、なめらかな食感も少しですが残るのでおすすめです。生地はプレーンベーグルの生地と同じ配合ですが、クリームチーズ＆オレンジピールのおかげでまったく違う味わいになります。成形が難しくなるので、広げた生地にチーズ＆オレンジを塗るときは、端と閉じる側には塗らないようにしてくださいね。

材料

《 生地 》
プレーンベーグルと同じ材料（P11）… 全量
《 副材料 》
クリームチーズ … 60g
オレンジピール … 30g

＊ 混ぜ合わせる。クリームチーズが硬い場合は、電子レンジで約20秒加熱してやわらかくしてから、オレンジピールと混ぜ合わせるといい

作り方

プレーンベーグルの作り方（P11-13）で以下の工程を変えて最後まで同様に作る。

>>> 工程❿

のばした生地の手前½にクリームチーズ＆オレンジピールを塗ってくるくると巻き、巻き終わりを閉じてから、基本の成形（P16の4から）をする。

クリームチーズとオレンジピールは、このくらいなめらかに混ざっていればOK。このまま食べてもおいしいのですが、それをぐっとこらえてくださいね。

オレンジピールがかたよってしまわないように、均等に生地に塗りましょう。

COLUMN 2

ベーグルがあまったときは？

たくさんベーグルを焼いて食べきれなくなってしまったこと、ありませんか？
ベーグルの保存法とあまったベーグルのアレンジレシピを紹介します。

ベーグルの保存法

ベーグルは水分量が少なく、発酵時間も短いため、放置しておくとすぐに硬くなってしまいます。たくさん作ってすぐに食べない場合は、冷凍保存がおすすめです。焼き上がったベーグルの粗熱がとれたら、密封できる袋にベーグルを入れます。空気を抜いて口をしっかり閉じたら冷凍庫に入れればOK。食べるときは温まる程度に（約30秒）レンジでチンしてからトースターで軽く焼き直せば、おいしく食べることができますよ。ただし1カ月を保存の目安としてくださいね。

硬くなったベーグルはチップに！

いっぱい作りすぎてベーグルが硬くなっちゃった！　というときは、ベーグルチップにしてしまいましょう！　独特のもっちり感が残ったおもしろいおやつになりますよ。

＊ただし、食事系ベーグル（チーズ系、しょっぱい系）はチップにするのは向きません

材料（作りやすい分量）
ベーグル … 1個
バター … 大さじ1
グラニュー糖 … 大さじ1

作り方
❶ ベーグルを厚さ1cm程度になるように薄く切る。
❷ バターを室温に戻し、グラニュー糖と一緒になめらかになるように混ぜる。
❸ 切ったベーグルの片面に❷を塗り、150度のオーブンで30分焼き、焼き上がってもオーブンの扉を開けずにそのまま15分庫内に入れておく。

強力粉があまったときは？

ベーグルやパン作り以外にはなかなか出番のない強力粉。
あまったときは、こんなおやつはどうでしょう。発酵バターを使うのがポイントです！

プレーンスコーン

材料（作りやすい分量）

A
- 薄力粉 … 150g
- 強力粉 … 100g
- 三温糖 … 大さじ2
- ベーキングパウダー … 小さじ2

B
- ショートニング … 大さじ2
- 牛乳 … 50ml
- 卵 … 1個
- プレーンヨーグルト … 大さじ2

＊よく混ぜ合わせる

発酵バター … 60g
＊1cm角に切り、よく冷やす

作り方

1. ボウルにバターとショートニングを入れ、Aをふるいながら加えたら、手でこすり合わせるようにして、さらさらの状態になるまですり合わせる。
2. Bを❶に加え、ゴムべらで練らないように混ぜる。
3. ある程度粉っぽさがなくなったら手でひとつにまとめ、大きく広げたラップにおいて厚さ3cm程度になるように四角く形を整える。ラップで包み、冷蔵庫で2時間以上寝かす。
4. ❸を好みの形に包丁でカットするか好みの型で抜き、200度のオーブンで20分焼く。

全粒粉とクランベリーのスコーン

材料（作りやすい分量）

A
- 薄力粉 … 150g
- 強力粉 … 50g
- 全粒粉 … 50g
- 三温糖 … 大さじ2
- ベーキングパウダー … 小さじ2

発酵バター … 60g
＊1cm角に切り、よく冷やす

B
- ショートニング … 大さじ2
- 牛乳 … 60ml
- 卵 … 1個

＊よく混ぜ合わせる

クランベリー … 30g

作り方

プレーンスコーンの作り方と同様に作る。工程❷のときにクランベリーを入れたら、あとは最後まで同じ。

米粉ベーグル

強力粉で作ってももちもち感があるベーグルに、米粉を足すともっと弾力が出るうえ、米粉のやさしい香りも楽しめます。米粉はグルテンが出ないのでいつもこねている手ごたえとは違いますが、米粉の割合が1割ちょっとという配合なのでがんばってグイグイこねれば大丈夫！　もちもち感をもっとアップさせたい！　という方は、米粉の配合を最大で2割まで増やしてみるといいでしょう。ちなみに何か副材料を混ぜ込みたい場合は、このベーグルにはクランベリーが合いますよ。

最近ではスーパーでも手に入る製菓用の米粉（リ・ファリーヌ）。うるち米を粉末状にしたもので、上新粉よりもキメ細かいものです。写真はクオカの国産の米粉。

材料
《 生地 》
強力粉 … 260g
米粉 … 40g
パネトーネマザー … 大さじ1
塩 … 小さじ1
三温糖 … 大さじ1
水 … 200ml
砂糖（ケトリング用）… 大さじ1

作り方
プレーンベーグルの作り方（P11-13）で材料を変えて最後まで同様に作る。

エスプレッソは、ノーマルロースト、ダークローストなどがありますが、力強い味わいのダークローストの方が、チョコの甘い香りに負けず、エスプレッソの香りを楽しめるベーグルになりますよ。

エスプレッソチョコベーグル

チョコチップが入った甘いベーグルに、エスプレッソのコクのある苦さを加えた大人なベーグルです。コーヒー色のきれいな生地もおいしそうですよ。私は毎日3回以上飲まないと気が済まないくらい、大のコーヒー党。作るのに時間がかかるエスプレッソは、週末のお楽しみにしているのですが、このベーグルが食べたいなぁと思ったときは、多めに作って冷ましておくようにしています。このレシピは、みなさんに楽しんでもらえるように控えめな苦さになっていますが、好みがあると思うので、レシピを目安にお好みで調整してみてくださいね。

材料

《 生地 》
強力粉 … 300g
パネトーネマザー … 大さじ1
塩 … 小さじ1
三温糖 … 大さじ1
牛乳 … 100ml
エスプレッソ … 100ml
＊牛乳とエスプレッソは混ぜ合わせる
砂糖（ケトリング用）… 大さじ1

《 副材料 》
チョコチップ … 50g
＊ここでは"スイート"を使用

作り方

プレーンベーグルの作り方（P11-13）の材料と以下の工程を変えて最後まで同様に作る。

>>> 工程❺
生地がこね上がったところで、チョコチップを均等に混ぜ込む（混ぜ込み方は P29 参照）。

>>> 工程❿
ねじる成形（P17 参照）をする。

パンプキンベーグル

蒸したかぼちゃをたっぷりと生地に練り込んだら、ソフトでむっちりしたパンプキンベーグルが焼き上がりました。このしっとりしたもちもち感はかぼちゃならでは！ですよ。自然の甘さを楽しみたかったので、はちみつを糖分として使い、アクセントにシナモンを少し入れてあります。かぼちゃとシナモンってよく合うんですよ〜。かぼちゃは種類によってみずみずしくべちゃっとしているものもあるので、かぼちゃが冷めた段階で触ってみてあまりにも水分が多そうなら、水を調整しながら足していってください。また、甘味も使うかぼちゃによってさまざまなので、ちょっともの足りないという場合は、少しはちみつを多くしてくださいね。

材料

《 生地 》

強力粉 … 300g
シナモンパウダー … 小さじ1
パネトーネマザー … 大さじ1
塩 … 小さじ1
はちみつ … 大さじ1
水 … 130ml
かぼちゃ … 100g（正味）
＊かぼちゃは皮と種を除いてひと口大にカットしてから蒸し器で10分ほど蒸す。やわらかくなったらフォークの背を使って潰し、ラップをかけて冷ます

砂糖（ケトリング用）… 大さじ1

《 副材料 》

パンプキンシード … 適量

作り方

プレーンベーグルの作り方（P11-13）の材料と以下の工程を変えて最後まで同様に作る。

>>> 工程❷

粉類をボウルにふるい入れたところでシナモンパウダーも加えて一緒に混ぜる。水分を加えるところで、まず潰したかぼちゃを加え、少しずつ水を注いで一緒に混ぜ込む。水は表記の分量に足りない場合でも、プレーンベーグルのときと同じ硬さになったらストップしてOK。

>>> 工程⓮

ケトリング後、ベーグルの上面にパンプキンシードを等間隔に手でしっかりつける。

小粒ながらも、爽やかな酸味とやさしい甘味が感じられるカレンツ（上）。手前のレーズンと比べてもその小粒さがわかると思います。ほとんどのものはオイルコートがないと思いますが、オイルコートされている場合は、レーズン同様湯通しをして水気をきってから混ぜ込んで。

くるみカレンツベーグル

カレンツ（カレンズやカランツと呼ぶことも）とは、レーズンより小ぶりなサイズで甘味より酸味が強い山ぶどうのことです。さすがにスーパーには売っていないかもしれませんが、製菓材専門店には必ずあります。このベーグルは、カレンツの酸味を引き立てるために、グラハム入りの生地にくるみをたっぷり入れて、甘さははちみつでナチュラルに仕上げました。やさしい、ほっこりなごむような味わいがイチオシ！ なベーグルです。ちなみに成形のとき、表面に飛び出してしまいそうなカレンツは、なるべく生地の中に入れるようにしましょう。粒の小さいカレンツは、焼いている間に黒く焦げて苦くなってしまうので、気をつけてくださいね。

材料

《生地》
強力粉 … 250g
グラハム粉 … 50g
パネトーネマザー … 大さじ1
塩 … 小さじ1
はちみつ … 大さじ1
水 … 180ml
砂糖（ケトリング用）… 大さじ1
《副材料》
カレンツ … 40g
くるみ … 40g
＊150度のオーブンで10分ほどローストし、細かく刻む

作り方

プレーンベーグルの作り方（P11-13）の材料と以下の工程を変えて最後まで同様に作る。

>>> 工程❺
生地がこね上がったところで、カレンツとくるみを均等に混ぜ込む（混ぜ込み方はP29参照）。

ダブルチーズベーグル

全粒粉入りの生地でプロセスチーズを巻き込み、上にも溶けるチーズをトッピングした、チーズ好きが喜ぶダブルチーズベーグルです。チーズがたくさんのるように、穴のない結ぶ成形(P17参照)をしています。チーズが表面から溶けて流れてしまっても、天板の上で焦げてカリッとなり、とってもおいしいのでご心配なく。巻き込んだチーズにはブラックペッパーをふりかけているので、ピリッとした香ばしい辛さもあります。結ぶだけの成形なので、プロセスチーズは手前側全面にのせてしまって大丈夫。ちなみに、チーズの量は巻き込むことを考えて少なめにしています。

材料

《 生地 》
強力粉 … 250g
全粒粉 … 50g
パネトーネマザー … 大さじ1
塩 … 小さじ1
三温糖 … 小さじ1
水 … 180ml
砂糖(ケトリング用) … 大さじ1

《 副材料 》
プロセスチーズ … 60g
＊5mm角に切る
ブラックペッパー … 少々
ピザ用溶けるチーズ … 適量
＊スライスタイプを使う場合は、短冊切りにする

作り方

プレーンベーグルの作り方(P11-13)の材料と以下の工程を変えて最後まで同様に作る。

>>> 工程❿

のばした生地の手前½にチーズをのせ、ブラックペッパーをチーズの上にふってくるくると巻く。巻き終わりを閉じてから、結ぶ成形(P17参照)をする。

>>> 工程⓮

ケトリング後、ベーグルの上面に溶けるチーズをのせる。

(左上)チーズは端ギリギリまでのせてOK(閉じる側にはのせない)。(上・下)ブラックペッパーとチーズはお好みの量をどうぞ。

香ばしくビターな風味が口の中に広がるグリュエ・ド・カカオ。ローストしてあるので食感はカリカリ。豆乳の風味がやさしく香るこの生地の、いいアクセントにもなってくれます。ちなみに私が使っているのは VALRHONA 社のもの。

豆乳チョコベーグル

甘いチョコ味なのでおやつ感覚のベーグルですが、豆乳の栄養もいっしょにとれてしまうというところがポイントです。豆乳には大豆固形分が 10% ほど含まれており、純粋な水分量が少なくなります。材料を揃えやすいという点で 200ml の豆乳パックを 1 本丸ごと入れて、さらに水も足して水分量を調整しています。使う豆乳の種類によっては固形分の分量が違うので、このレシピでは無調整の豆乳を使うことをおすすめします。ちなみに、乾燥しやすい生地なので発酵時の濡れ布巾は忘れずに!! グリュエ・ド・カカオははがれやすいので、トッピングするときはしっかり押しつけるようにつけましょう。

材料

《 生地 》

強力粉 … 280g

無糖ココア … 大さじ2

パネトーネマザー … 大さじ1

塩 … 小さじ1

三温糖 … 大さじ2

豆乳（無調整）… 200ml

＊35度くらいに温める

水 … 大さじ1

砂糖（ケトリング用）… 大さじ1

《 副材料 》

チョコチップ … 30g

＊ここでは"スイート"を使用

グリュエ・ド・カカオ … 適量

＊糖分を加えていないカカオ豆100%をローストしたあと粗挽きしたもの

作り方

プレーンベーグルの作り方（P11-13）の材料と以下の工程を変えて最後まで同様に作る。

》》》 工程❷

粉類と一緒にココアもふるい入れて混ぜる。

》》》 工程❺

生地がこね上がったところで、チョコチップを均等に混ぜ込む（混ぜ込み方は P29 参照）。

》》》 工程❿

穴をあけ成形（P17 参照）をする。

》》》 工程⓮

ケトリング後、ベーグルの上面にグリュエ・ド・カカオをたっぷりまぶす。

ブルーベリークリチベーグル

クリームチーズを練り込んだ生地にブルーベリーを入れて、定番コンビのベーグルができ上がりました。生地はしっとりして、皮はパリッと仕上がります。また、爽やかなチーズの香りがほんのり残っていて、甘酸っぱいブルーベリーとよく合っています。生地が8割方こね上がってからクリームチーズを入れますが、最初は生地となじまず、なかなか混ざらないので不安になるかもしれません。でも、つかむようにしてギュッギュッと混ぜ込んでいけば次第に生地とうまく混ざり合ってくるので、慌てずにチャレンジしてみてくださいね。

材料

《 生地 》
プレーンベーグルと同じ材料（P11）… 全量
クリームチーズ … 50g
＊室温に戻す

《 副材料 》
ドライブルーベリー … 40g

作り方

プレーンベーグルの作り方（P11-13）の材料と以下の工程を変えて最後まで同様に作る。

>>> 工程❹
生地をこねて表面がつるっとしてきたら（こね上がりの手前の状態です）クリームチーズを加えてさらによくこねる。

>>> 工程❺
生地がこね上がったところで、ドライブルーベリーを均等に混ぜ込む（混ぜ込み方はP29参照）。

>>> 工程❿
ねじる成形（P17参照）をする。

ミルクティーベーグル

紅茶を煮出して牛乳で水分を調整した、本当にミルクティーなベーグルです（笑）。食べたときに口に残らないように細かく砕いた茶葉も生地に入れて、より紅茶の香りが引き立つようにしました。スキムミルクも足して、マイルドな味に。使う紅茶は香りのよさが一番際立つアールグレイがおすすめです。ただし、ベルガモットの大きな葉は取り除いてから使いましょうね。アールグレイがない場合は、もちろんお手持ちの紅茶を使ってもいいと思います。甘い香りのフレーバーティーでもおいしく仕上がりそうですね。

材料

《 生地 》
強力粉 … 300g
スキムミルク … 大さじ1
紅茶の葉 … 大さじ1
＊ 紅茶の葉はビニール袋に入れてめん棒の先ですり潰し、細かくする

パネトーネマザー … 大さじ1
塩 … 小さじ1
三温糖 … 大さじ2
紅茶液 … 200ml
＊ 紅茶液の作り方
　小鍋に200mlの水を入れて火にかけ、沸騰したら紅茶の葉大さじ2を加えて3分ほど煮出す。茶こしでこしながら計量カップに注ぎ、牛乳を加えて200mlにする

砂糖（ケトリング用）… 大さじ1

作り方

プレーンベーグルの作り方（P11-13）の材料と以下の工程を変えて最後まで同様に作る。

》》》 工程 ❷

粉類をボウルにふるい入れたところでスキムミルク、すり潰した紅茶の葉も加えて一緒に混ぜる。

あまりにも大きいと、食べたときに口に残って嫌な感じになるので、茶葉は細かくすり潰して。

このくらいの濃さまでよく煮詰めると、ベーグルから紅茶のいい香りが…。

チョコバナナベーグル

実はバナナをそのまま食べるのが苦手な私。でも、バナナとチョコのコンビならおいしい！　と思うんです。このベーグルは潰したバナナを生地に練り込んでいるので、ベーグル全体からふんわりとバナナの甘い香りがしてきます。そして相性がいいのはやっぱりチョコ！　バナナの味を楽しむために控えめの分量になっていますが、好きな方はもっと足してもOKです。バナナは意外と水分が多いので、「分量よりちょっと多いけど少しだけあまったから全部入れちゃえ！」と増やしてしまうと、グチャグチャの生地になってどうにもならなくなってしまうので、注意してくださいね。

材料

《 生地 》
強力粉 … 300g
パネトーネマザー … 大さじ1
塩 … 小さじ1
三温糖 … 大さじ1
水 … 130ml
バナナ … 100g（正味）
＊バナナは皮をむいてフォークの背を使って潰し、なめらかな状態にする
砂糖（ケトリング用）… 大さじ1
《 副材料 》
チョコチップ … 30g
＊ここでは"スイート"を使用

作り方

プレーンベーグルの作り方（P11-13）の材料と以下の工程を変えて最後まで同様に作る。
》》》工程❷
水分を加えるところで潰したバナナも水と一緒に加えて混ぜる。
》》》工程❺
生地がこね上がったところで、チョコチップを均等に混ぜ込む（混ぜ込み方はP29参照）。

バナナはしっかりと潰してなめらかにしておきましょう。生地になじみやすくなります。

ほうれん草ベーグル

栄養たっぷりなほうれん草をみじん切りにしてすり潰し、生地に練り込みました。ほうれん草だけだとちょっと青臭さが残ってしまうので、それを消すために青のりを入れています。「青のり!?」と意外に思われるかもしれませんが、この青のりがいいアクセントになっておいしいんですよ〜！ 食べたときに繊維質の部分が口の中に残らないように、ゆでたほうれん草の葉の部分だけを使っていますが、「これでもか！」というほど絞って、水気をきってから練り込んでくださいね。水分量が多くなるので、比較的ソフトで食べやすいベーグルになります。

材料

《 生地 》

強力粉 … 300g
青のり … 大さじ1
パネトーネマザー … 大さじ1
塩 … 小さじ1
三温糖 … 小さじ1
水 … 170ml
ほうれん草（葉のみ）… 50g

＊ほうれん草はゆでて固く絞ってから、葉の部分のみ50g計量し、みじん切りにしたあとにすり鉢とすりこぎを使って軽くすり潰す（フードプロセッサーを使ってもよい）

砂糖（ケトリング用）… 大さじ1

作り方

プレーンベーグルの作り方（P11-13）の材料と以下の工程を変えて最後まで同様に作る。

>>> 工程❷

粉類をボウルにふるい入れたところで青のりも加える。水分を加えるところで潰したほうれん草も水と一緒に加えて混ぜる。

ほうれん草はしっかりすり潰して半ペースト状に。

このくらいすり潰せばOK。フードプロセッサーがあれば、あっという間にできちゃいますね。

ベーグル作りのお悩み相談室

ホームページに寄せられた、ベーグルにまつわるいろんな質問にまとめてお答えしちゃいます。これで、失敗せずにおいしいベーグルをたくさん作ってもらえたらいいなぁと思っています。

Q1 焼き上がったベーグルがしわしわで、つるんとした表面になりません!

A1 何点か原因が考えられるのですが、ひとつは発酵のさせすぎだと思います。普通のパンを作る感覚でふわふわになるまで発酵が進んでしまうと、ケトリング後、生地がしぼんでしまいます。また、ケトリング後すぐに予熱が完了した熱々のオーブンに入れないと、しわしわになることがあります。

Q2 焼き上がったベーグルの食感が、もっちりというより硬いです。こねが足りないのでしょうか?

A2 もともと普通のパンに比べ水分量がとても少なく発酵時間も短いので、目がギュッと詰まった硬めのパンではあります。こね方は、台にすりつけるというより、弾力を出すために折って潰すという感じでこねてみるといいでしょう。
また、冬場の寒い時期は、気温が低く発酵がうまく進まなかったことも考えられます。オーブンの発酵機能を使って発酵させたり、時間を少しのばしたりするなどの調整をしてみましょう。どうしても硬くて食べにくいという場合は、水分量を増やすのもひとつの手です。

Q3 ベーグルの生地が硬くてこねにくいのですが?

A3 硬めの生地なのでこねるのは確かに大変です。ホームベーカリーなどでこねようと思ってもモーターが止まってしまい、とてもこねることができません。手ごねしかできないので、ここはがんばってこねるしかないのですが、腕の力だけに頼らず、肘を伸ばして上から体重をかけるようにしてこねれば、なんとかできると思います。とにかくがんばって!

Q4 成形のときにうまくベーグルの端と端をつなげることができません。

A4 丸めてのばした生地の片側をしゃもじ形にするとき、めん棒で潰して幅を5cm程度に大きく広げてください(詳しくはP16参照)。この部分が大きくて広いととてもつなげやすくなります。
チョコレートを含んだ生地などは乾燥しやすいのでくっつきにくいのですが、その際は清潔な濡れ布巾の上で生地を軽がして水分を吸わせるとくっつきやすくなります。

Q5 ベーグルの水分をジュースなどに置き換えて作ることはできますか？

A5 可能ですが、市販の野菜ジュースなどは塩分が入っているものが多いので、なるべく塩分無添加のものを使った方がいいと思います。もし塩分が入っているものを使うのであれば、塩の量を減らすなどレシピの調整をしてくださいね。

Q6 具材を混ぜ込んでベーグルを作るとき、生地に均等に具材が混ざらず、ある一カ所に具材がかたまってしまいます。

A6 こね上がった生地は弾力があって硬めなので、一度に全部の具材を入れてしまうとなかなか混ざりません。生地を広げるように縦長にのばしたら具材の1/5量をちりばめて手前から丸め込み、それを転がしながらのばしていき、向きを変えて更に1/5量を入れて丸め込んでみましょう。この作業を繰り返していくと比較的均等に混ぜることができます。

まずは生地を縦長に伸ばして、1/5量の具材をまんべんなくのせる。きつめにくるくると手前から巻き、巻き終わったら生地を転がしながら横長に伸ばす。向きを変えて同じことを繰り返せば完璧！

Q7 ベーグルの表面だけが焦げてしまって、全体的にきれいな焼き色がつきません。どんなオーブンを使えばいいでしょうか？

A7 昔からよくある上側だけにヒーターがあるオーブンの場合、パンの上側だけに焦げ目がつき、側面が白いという焼き上がりになってしまうことが多いです。私が使っているのは熱風で焼くコンベクションというタイプのオーブンで、これなら全体的にきれいにこんがりと焼くことができます。ベーグルのような背の低いパンは上側だけ焦げてしまうということはそれほどありませんが（庫内の高さにもよります）、背の高い食パンなどを焼くことがあるなら、コンベクションタイプがおすすめです。

Q8 ケトリングをするとき、台から生地をはがそうとすると生地がくっついてしまいうまくはがれません。どうすればいいですか？

A8 べたつきやすい生地の場合は、成形後の生地を並べる前に、天板の上に少しコーングリッツを敷いてから生地をのせて発酵に進ませるとくっつかなくなります。生地にくっついたコーングリッツは、ケトリングのときにほとんどお湯の中に落ちてしまいます。

Q9 ケトリングの温度はどれくらいがいいですか？

A9 沸騰しているお湯より少し低めがいいようです。一度沸騰させたら火を弱め、鍋の底にフツフツと気泡が出ているくらいがベストな温度です（詳しくはP18参照）。

Q10 ベーグル作りでおすすめの材料があったら教えてください！

A10 製菓材専門店などで売っているかぼちゃやマロンのペーストは、使い勝手がよく下ごしらえがいらないので、生地に混ぜ込むだけで手軽においしいベーグルが作れます。野菜のパウダー系や市販のオニオンチップなどを混ぜ込むのもおすすめです。

WEEKEND BAKERIES

横山純子

1971年12月生まれ。いて座のB型。東京在住。
1日3食パンでもいいくらいのパン好き、ベーグル好き。
週末にお菓子やパン、ベーグル作りをすることが日課となり、2003年6月に
WEBサイト「WEEKEND BAKERIES」を開設。
こんがりと焼けたつるつる&ぴかぴかなベーグルは、ベーグルファンからの質問が相次ぐほど人気。
WEEKEND BAKERIES　http://webs.chu.jp/index.html

STAFF

ブックデザイン	原てるみ、坂本真理、文晴玉（mill design studio）
撮　　　影	水野聖二（カバー，P2-4，19，23，37，39，80，道具，材料，工程）
	横山純子（ベーグル）
イラスト	福沢綾乃
校　　正	西進社
材料提供	cuoca（クオカ）http://www.cuoca.com/　☎0120-863-639（10:00～18:00）
撮影協力	AWABEES　http://www.awabees.com/　☎03-5786-1600

WEEKEND BAKERIES の
しっとり、もっちりベーグル 最新版

2016年2月1日　初版第1刷発行

著　者	横山純子
発行者	滝口直樹
発行所	株式会社マイナビ出版
	〒101-0003
	東京都千代田区一ツ橋2-6-3 一ツ橋ビル2F
	☎ 0480-38-6872（注文専用ダイヤル）
	☎ 03-3556-2731（販売部）
	☎ 03-3556-2735（編集部）
	http://book.mynavi.jp
印刷・製本	大日本印刷株式会社

※本書は2009年3月に株式会社マイナビより発行された
『新版 WEEKEND BAKERIES のしっとり、もっちりベーグル』の最新版です。
※定価はカバーに記載してあります。
※落丁本、乱丁本はお取り替えいたします。
お問い合わせはTEL：0480-38-6872（注文専用ダイヤル）、
または電子メール：sas@mynavi.jpまでお願いいたします。
※内容に関するご質問は、編集第2部まで
はがき、封書にてお問い合わせください。
※本書は著作権法上の保護を受けています。
本書の一部あるいは全部について、著者、発行者の
許諾を得ずに無断で複写、複製（コピー）することは
禁じられています。

ISBN 978-4-8399-5815-2
© 2016 JUNKO YOKOYAMA　© 2016 Mynavi Publishing Corporation
Printed in Japan